Danie hat „Rücken"!

ein Mut-Mach-Buch für Hundebesitzer

von
Monika Murmann

Ich widme dieses Büchlein der Medizin und den engagierten Tierärzten, die Hunden und damit auch deren Besitzern tatsächlich helfen können.

Bibliografische Information der Deutschen Nationalbibliothek

Die deutsche Nationalbibliothek verzeichnet diese Publikation in der Deutschen Nationalbibliothek;
detaillierte bibliografische Daten sind im Internet über http://dnd.d-nb.de abrufbar.

Impressum:

2015 Monika Murmann Herausgeberin

Herstellung und Verlag: Books on Demand GmbH, Norderstedt

Sämtliche Bilder privat, Umschlag Books on Demand

Copyright: Monika Murmann

ISBN: 9 783 734 786 129

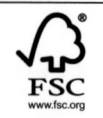

4

Unser Wunsch:
Unsere zwei lieben, großen Hunde laufen bei schönem Wetter mit gemütlichem Tempo mit uns am Fahrrad.

Mein Mann und ich wollen bei gutem Wetter abends oder am Wochenende mit den beiden 4-Beinern in den Biergarten im Nachbarort radeln!

Unsere Dana lief super neben dem Rad und bekam jedes Mal, wenn wir nur die Räder auf die Straße räumten, einen freudig-hysterischen Anfall.

Die Realität:
Als dann Lilly alt genug war, um am Rad zu laufen, war Dana schon so krank, dass wir nur mit dem Hundewagen zum Biergarten kamen.

Nach etwa einem Jahr war Dana gesundheitlich fast komplett wieder hergestellt, nur neben dem Rad laufen wird sie wohl nie mehr können.

Dana
geb. 08.08.2008

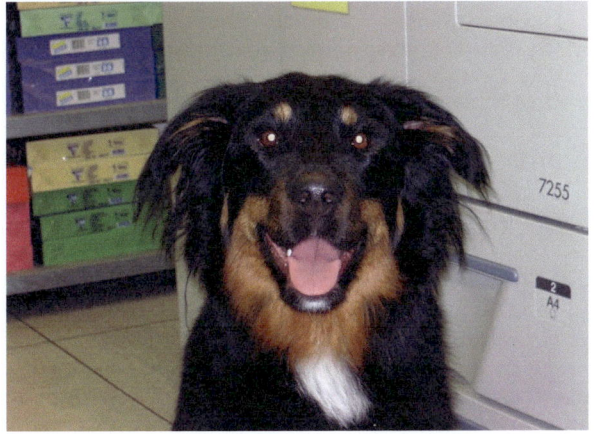

Aber ich erzähle lieber von Anfang an:

Mit meinem Mann Uwe führe ich seit über 25 Jahren einen Copy Shop, in dem man außer kopieren auch scannen, faxen, binden, laminieren usw. sowie Büromaterial kaufen kann.
Die gemeinsamen Kinder Eva und Max sind schon erwachsen, wohnen aber noch zuhause. Vor 4 Jahren kam Hundedame Dana zur Familie.
Wir entdeckten Sie im Tierheim. Dorthin kam sie mit knapp zwei Jahren aus schlechter Haltung. Nach dem ersten Blick war schon klar, das ist unser Hund!

November/Dezember

Das „liebe" Facebook informiert mich u.a. ausführlich den ganzen Sommer lang über das Hundeelend in – ganz aktuell – Rumänien.
Nach ein paar Wochen kann ich das nicht mehr ertragen und beschließe etwas dagegen zu tun.
Wir kommen, nach mehreren Versuchen im örtlichen Tierheim, auf die Idee über „Welpen in Not" doch einen jüngeren Hund zu nehmen, weil Dana sich dann nicht in ihrer Position bedroht fühlt und der jüngere Hund sich automatisch unterordnet.

Dana ist nun gut 5 Jahre alt und der beste Hund den man sich vorstellen kann. Lilly ist ein süßes Schäferhund/Labrador/Mix-Mädchen. Mit einem Flugpaten kommt sie mit ihren jungen 4.5 Monaten zu uns.

Wie alle Welpen ist sie sehr temperamentvoll und braucht viel Aufmerksamkeit.

Lilly
geb. 07.07.2013

Wir sind schon froh, dass sie nicht noch älter ist.
Niemals hätten wir uns auch nur ansatzweise vorstellen können, wie viel „Zewa" man verbrauchen kann!
Nach ein paar Tagen, in denen Dana grummelnd unterm Tisch lag, forderte sie Lilly zum Spielen auf.
Von nun an war das Eis gebrochen und öfter als uns lieb war, tobten doch tatsächlich zwei Hunde über die Couch (während wir darauf sitzen!)

Was würde wohl der Herr Rütter dazu sagen?

Selbständigkeit hat auch mal Vorteile und so können unsere Hunde mit in den Laden genommen werden. Fast jeder im Viertel kennt die Familie mit dem pelzigen Anhang. Auf jeden Fall kennt uns der Metzger, der Bäcker, die Bank, die Apotheke und der Zeitungsladen.

Bei unseren Kunden werden die Hunde durchweg positiv aufgenommen.

So mancher ganz junger Kunde verliert durch die gutmütigen Tiere seine Angst und darf gerne kleine Leckerchen geben.

Die Hunde haben bei dem täglichen Gang zur „Arbeit" nur Vorteile, da sich alle studentischen Aushilfen über die Hunde freuen und ab und an mit ihnen Gassi gehen. Die Hunde sind das gewöhnt und sehr umgänglich.

So haben sie viel Abwechslung und mittags geht es ab in den Wald für einen richtig langen Spaziergang mit Herrchen. Meistens fährt Frauchen Nachmittags heim und nimmt die Pelzdamen mit. Manchmal geht es zusätzlich an die große Hundewiese in den Rheinauen oder direkt an den Rhein. Gebadet wird gerne und ausgiebig bei jedem Wetter und zumindest Lilly bekommt oft noch eine Runde mit dem Rad zum ausarbeiten.

Die großen Kinder sind abends dran und gehen mit Freunden sowieso nochmal raus. Manchmal hört man die Hunde leise unter dem Wohnzimmertisch seufzen:

„Bitte nicht schon wieder Gassi!"

Irgendwann bemerkten wir, dass Dana Probleme beim Treppensteigen bekam.

Also gingen wir zum Tierarzt und begannen mit Spritzen und Tabletten. Das wiederholte sich ein paar Mal und eigentlich wurde es schlimmer statt besser.

Die Tierärztin, mit der wir bis dato immer zufrieden waren, wollte nicht Röntgen – warum?

„Kostet viel Geld und ich weiß sowieso was dabei raus kommt! Der Hund hat HD! Da kann man nur Tabletten geben, fertig!" Ja, was für eine tolle Aussage und so hilfreich!

Im Laufe des Januars wurde es richtig schlimm und wir konnten das Elend nicht mehr mit Ansehen, also wechselten wir den Tierarzt.

Der neue Tierarzt hat Dana erst mal genau untersucht, sich mit mir über ihre Probleme unterhalten und wollte dann mit Narkose röntgen. Doch bevor er dazu kam, holte Dana sich beim Gassi gehen, einfach so, einen Kreuzbandriss am linken Knie.

Kurze Hysterie zuhause:

„Der Hund hat nur noch 3 Beine!"

Das Röntgen brachte Gewissheit. Dana hat leider eine Hüftgelenksdysplasie – links schlimmer als rechts.

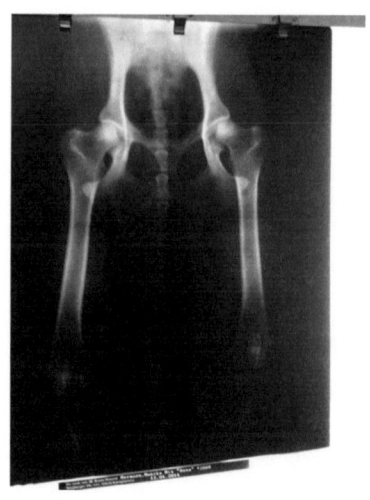 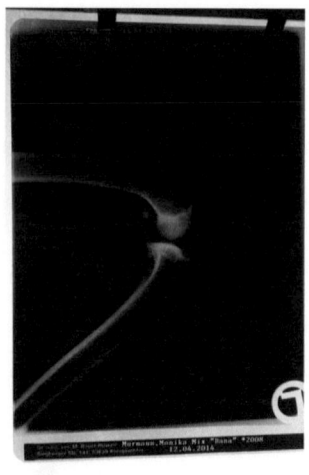

Wir haben eine OP Versicherung, also ist diese Diagnose nicht gar so schlimm. Aber vom Operieren des Knies wurde uns abgeraten. Die Belastung des rechten Hüftgelenks wäre während der Heilung zu viel und würde noch mehr Probleme mit sich ziehen. Gut wäre für Dana etwas abzunehmen – doch wie soll das gehen ohne Bewegung? Hunger hat sie trotzdem.

Im Februar, mitten im Getümmel, haben wir dann Lilly noch sterilisieren lassen. Nach eingehenden Umfragen und lesen „aller" Hundezeitungen hatten wir 20 verschiedene Meinungen. Wenn man das vor der ersten Hitze machen lässt, wo noch nichts durchblutet ist, senkt man das Brustkrebsrisiko um 50%. Das hört sich doch gut an. Lilly hat alles locker und problemlos überstanden.

Es wäre wohl mal ein VHS Kurs über strategisches Familienmanagement nötig.

Ostern

Inzwischen war es schon Ostern und der Kurzurlaub an der Nordsee „drohte!" wir sind schon öfter da gewesen und wohnen sehr tierlieb, in einem ehemaligen Bauernhof. Der Hundestrand ist gleich über dem Deich.

Trotzdem - manchmal kann man ja selbst Urlaub nicht brauchen! Dana sollte am besten gar nicht laufen. Und keine

Treppen und Ruhe haben. Die Kinder wären zuhause gewesen und hätten schon auf Dana geachtet. Aber wir wissen, dass sie ohne uns leidet und Uwe wollte nicht ohne sein „Mädchen" fahren! Wir hatten das erste Mal eine Wohnung im Parterre. Das war dann ausschlaggebend dafür, dass sie mitdurfte.

Es ist doch der erste Urlaub an der Nordsee mit zwei Hunden!

Also muss ein Hunde(kinder)wagen her. Umsonst sind die auch nicht, aber es gibt ja *ebay*!

Gefunden, angerufen, hingefahren und abgeholt.

Ein Hund lässt sich nicht so ohne weiteres in so eine Kiste stecken – vor allem wenn sie sich bewegt. Also haben wir wenigstens die zwei Tage vor Abfahrt den Hundewagen ohne Räder bei uns im Laden hingestellt und mehrfachst für Dana Leckerli reingeworfen und versucht, dass sie kurze Zeit drin sitzenbleibt. Es war keine nennenswerte Begeisterung zu spüren.

Lilly wollte unbedingt – aber das ist ja immer so.

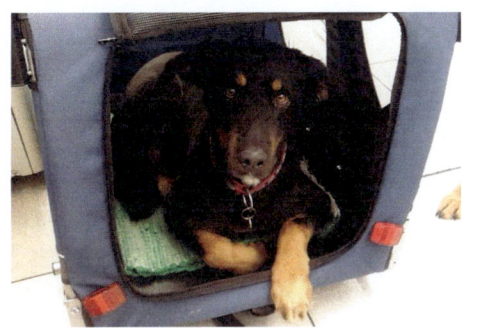 

Letztlich war am Parkplatz an der Nordsee beim Campingplatz
dann Generalprobe. Der Weg vom Parkplatz zum Campingplatz
über div. Wiesen bis zum Strand ca. 700 m

wäre viel zu weit gewesen und man muss ja auch zurück. Sie
schafft ja kaum 20 Meter. Gut, dass Dana so eine geduldige
Seele ist.

Man kann an dem Wagen auch oben und die Seitenteile extra
aufmachen. So hat der Hund nicht das Gefühl das er darin
eingesperrt ist.

36 Kilo Hund + 15 Kilo Wagen = rund 50 Kilo zum Schieben,
gerne auch im Sand – das gibt Muckis.

Viele Male wurden wir angesprochen. So bekannt ist das mit
den Hundewägen wohl doch noch nicht. Dana trug ihr Schicksal
mit Gelassenheit und sah hoheitsvoll oben aus dem Wagen
raus – fehlt nur noch das sie mit der Pfote grüßt wie die Queen!

Natürlich ist so ein eh schon kurzer Urlaub dadurch etwas komplizierter, aber für Dana machen wir alles. Sie ist doch noch nicht einmal 6 Jahre alt.

Lichtblicke in „Hannes Radler-Cafe"
Wangerland-Horum

März/ April

Dana bekommt stärkere Tabletten (Trocoxyl), sie ist sehr ruhig und kann sich kaum bewegen. Sie will nicht mehr Spielen und mittels eines Handtuchs um den Bauch helfen wir ihr die Treppe hoch. Ins Auto heben wir sie schon lange.

Wir brauchten eine Physiotherapeutin, die Dana wieder richtig aufbaut. Gut, dass die Physiotherapeutin und Tierheilpraktikerin Ulrike Mönnich vor einem Jahr in den Nachbarort hingezogen ist. Sie ist kompetent und sehr liebevoll. Trotzdem zittert Dana und hat große Angst. In letzter Zeit ist sie viel bei Tierärzten gewesen und es ist eben alles unheimlich.

Trocoxyl sollte man nicht länger als ein halbes Jahr nehmen, es kann Leber und Nieren schädigen. Also öfter mal ein kleines Blutbild machen und lieber mal auf Rimadyl o.ä. wechseln.

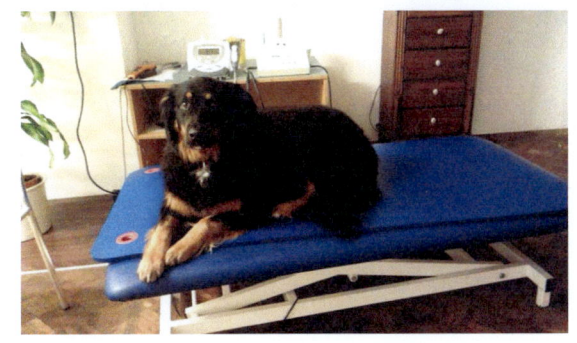

www.regu-vet-tierphysiotherapie.de

Nach eingehender Befragung über die Vorgeschichte begann sie mit vorsichtiger Massage und mit Akupunktur. Die gesamte Hinterhand ist in sich schmerzhaft verkrampft, sie kriegt die Hinterbeine kaum auseinander. Wir haben auch schon bemerkt, dass sie Probleme hat, wenn sie ihren Kot absetzen möchte. Sie schafft es kaum, sich dafür so hinzuhutschen.

Der Kaltlaser sieht aus wie eine Haarbürste und beschleunigt den Stoffwechsel.

Auch das Wasserlaufband nimmt Dana mit Würde hin. Kleine Einheiten mit 5 Minuten nur, sonst würde sie einen schlimmen Muskelkater bekommen. Man darf nicht vergessen, dass die gesamte Muskulatur komplett runter ist.

Im Wasser – wie bei uns Menschen – kann sich ein Hund schmerzfrei bewegen, da die Belastung durch das Gewicht weg ist und somit auch der Schmerz. Nun ist der Hund in der Lage sich „normal" zu bewegen.

Ganz neu für uns ist die Behandlung mit Blutegeln rund um das Knie mit dem Kreuzbandriss. Die Blutegel sind die Apotheke der Natur, sehr viele Heilstoffe befinden sich in der Blutegelspucke mit welcher der Blutegel die Stelle betäubt, bevor er zubeißt. Leider blutet das ganz schön nach und wenn man nichts

darum wickelt, gibt es eine ziemliche Sauerei. Nach ein paar Anwendungen merkt man eine kleine Verbesserung. Doch wir können die Stundensätze von 59,-€ nicht oft zahlen. Natürlich ist das angemessen, jeder Handwerker nimmt das mindestens.

Ist bei der Behandlung ein Ende absehbar?

Wie viele Monate dauert denn so etwas?

Ist Dana denn dann geheilt?

Ist sie dann wenigstens schmerzfrei?

Muss sie lebenslang Tabletten nehmen?

Geht Arthrose wieder weg?

Hat sie wieder Spaß am Leben?

Kann sie dann wieder am Rad laufen?

100 Fragen - aber keiner kann uns eine eindeutige Antwort geben. Wir sind ziemlich verzweifelt. Die OP-Versicherung zahlt

natürlich keine Physiotherapie. Wir wollen Dana nicht leiden sehen. Es zeichnet sich leider nur eine endgültige Lösung ab.

Die Verzweiflung über die Situation bringt auch Wut über die eigenen Grenzen des Machbaren/Finanzierbaren mit sich. Wie schlimm muss es dann erst bei einem Partner oder Familienangehörigen sein? Kaum vorstellbar.

Da hat Frau Mönnich die rettende Idee!

G O L D in den Hund!

Früher bekamen Rheumakranke Goldspritzen, mehr sagt uns das nicht. Seit ca. 10 Jahren ist die Dauerakupunktur mit Gold bei Hunden sehr verbreitet.

Wir hatten noch nie etwas davon gehört. Ganz kleine Stückchen Golddraht werden mit einer Hohlnadel in die Gelenke gesetzt. Eine kurze Narkose gibt es und alles dauert etwa 1 Stunde. Frau Dr. K in Köln macht das.

Frau Mönnich kennt sie aus der Zeit, als sie in Berlin die Orthopädie Fortbildung gemacht hat. Nach dem Zusenden der Röntgen-Bilder geht das mit dem Termin ganz schnell.

Dana ist genau die Zielgruppe!

Das Gold in den Gelenken bewirkt eine Änderung des ph-Wertes, wodurch das Schmerzempfinden herabgesetzt wird. An der Stelle wo das Gold sitzt, werden durch die Stimulation vermehrt Schmerz regulierende Stoffe ausgeschüttet.

Es entspannt sich die Muskulatur und der Hund fängt an sich wieder „normal" zu bewegen, weil er kaum Schmerzen empfindet.

Somit verschwinden auch nach und nach alle damit zusammen-hängende Schonhaltungen. Besser kann ich es eben nicht ausdrücken. Ich bin keine Tierärztin oder medizinisch ausgebildet.

Genauere Informationen gibt es im Internet und besonders auf den Seiten der diversen Tierarztpraxen, die das „Gold" unterstützen. Natürlich gibt es auch bei den Tierärzten welche, die die Goldakupunktur für Humbug halten. Das kann ich nicht nachvollziehen. Der Erfolg, nicht nur bei Dana, gibt dem Ganzen doch recht.

Weil die Kölner noch Urlaub haben, müssen wir bis Pfingsten warten. Es war wirklich Zeit, dass etwas passierte. Wir haben Dana nur noch im Hundewagen die 50 Meter zur Gassi Wiese geschoben. Wir konnten es kaum noch erwarten.

Frau Mönnich hatte uns das vorgeschlagen, weil sie gehört hat, das wir die OP Versicherung bei der Agila haben und diese

Versicherung den Eingriff als OP ansieht und somit die Kosten übernimmt. Und nicht nur die OP sondern auch 3 Monate Physiotherapie hinterher. Nur das Gold allein verwandelt den Hund der Wochen/Monatelang nicht richtig gelaufen ist, in keinen Leistungssportler.

Dana nach dem Eingriff mit rasierten Stellen. So kann man besser desinfizieren und arbeiten.

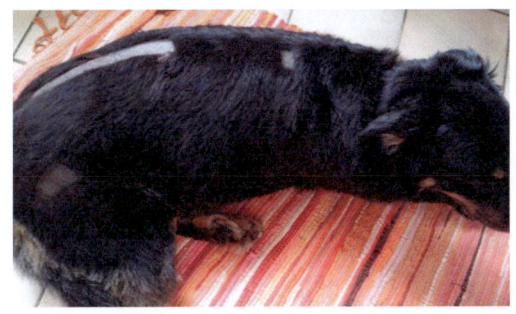
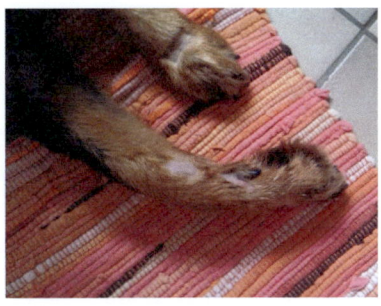

Weil ich misstrauisch bin, lasse ich mir per email eine Bestätigung für die Kostenübernahme geben. Es wäre wohl nicht nötig gewesen, sie haben die Rechnung von 3.000,-€ kommentarlos überwiesen.

Ich weiß nicht, was ich erwartet hatte, aber es ist eine ganz normale Tierarztpraxis. Im Vorfeld haben einige Emails stattgefunden und ein längeres Telefonat. Nach einer kurzen Besprechung gingen wir vor die Praxis auf den Gehweg und Frau Dr. K nimmt eine Gangbildanalyse vor. Es bestätigt eben, was wir gesagt hatten. Dana ist nüchtern und bekommt eine kleine Narkose. Es freut mich, dass ich dabei sein darf, ohne dass ich erst diskutieren muss.

Jetzt zeigt mit Frau Dr. K. etwas, was ich normalerweise für Hokuspokus halten würde, wenn es mir jemand erzählt hätte. Sie legt zwei Finger auf eine für Dana schmerzhafte Stelle und lässt mich Ihren Puls fühlen. Erst war der Puls bei Frau Dr. K normal und plötzlich beschleunigte er spürbar. Sie nahm die Finger wieder weg und nach ein paar Sekunden ging der Puls wieder zurück. Wieder griff Sie an eine schmerzhafte Stelle und wieder ging der Puls rauf.

Dadurch, dass der Mensch Strom leitet, entsteht diese direkte Wirkung. Zusammengefasst und – natürlich vereinfacht – kann die Tierärztin so die genauen Stellen feststellen, an denen das Gold eingesetzt wird. Der Fachbegriff ist „Pulsdiagnostik", womit man die Akupunkturstelle lokalisieren kann.

Für besondere Stellen, wie z.B. Narben, wird lieber Platin genommen. Dana wurden irgendwann die Afterkrallen entfernt und sie hat die Kastrationsnarbe. An diese Stellen wurden winzige Platinkügelchen eingesetzt.

Dana wird zum Luxusweibchen!

Alleine das Zusehen war hoch interessant! Hoffentlich hilft es!

Sie hat Gold links von der Wirbelsäule bekommen bis hinter zur Hüfte, vorne im Genickbereich, in die „Ellenbogen" und auch zwischen den Krallen.

Dana war auch bald wieder wach. Vorher wurde sie noch schnell geröntgt.

Wir haben dann ein Rezept für Schmerztabletten, für Physio und Wasserbad bekommen. Nach gut einer Woche stellten wir Verbesserungen bei Dana fest. Sie lief nicht mehr so eckig und schmerzvoll. Sie wirkte munterer. 2 x pro Woche ist Physio und Wasserlaufband. Wieder machen wir uns an den Muskelaufbau mit je 5 Minuten und viel Massage. Natürlich wird telefonisch mit Frau Dr. K Kontakt gehalten und vor Ort kontrolliert.

Im Laden kam sie mal öfter nach vorne. Nach gar nicht so langer Zeit kratzte sie sich mit dem Hinterbein am Ohr – das muss man erst mal hinkriegen.

So etwas haben wir seit Monaten nicht mehr gesehen. Plötzlich möchte sie nicht mehr in den Hundewagen und längere Stücke selbst laufen. Es ist unglaublich wie es bergauf ging. Morgens kommt sie wieder hoch in Schlafzimmer geschnauft und will nach einem kleinen Päuschen auch ins Bett. Mit etwas Hilfe klappt das und wir sind so froh darüber.

Juli

Im Juli fahren die Tochter Eva und ich zur Firmung von Neffen Julian und alle freuen sich dass es Dana wieder besser geht.

Sie geht immer noch sehr langsam und zockelt hinterher, schafft aber ihre Runden. Julian schafft es mit Lilly Rad zu fahren, damit die ihre nötige Bewegung kriegt.

Immerhin ist sie noch ein junger Hund von gerade mal einem Jahr und muss ständig Rücksicht auf Dana nehmen.

Es ging super weiter bergauf und im Sommer sind wir oft mit dem Auto zum Ortsende zur Nato-Rampe gefahren, da sind keine Treppen und beide Hunde lieben das Wasser und Dana schwimmt ihre Achten.

Ende August fahren Uwe und ich nochmal allein nach München und der Unterschied zum Juli ist deutlich sichtbar. Am Rad laufen kann sie nicht, vielleicht nie mehr, aber das ist nicht so wichtig.

Auch ihre kleinen Eigenarten kamen zurück und man erkannte den „alten" Hund wieder.

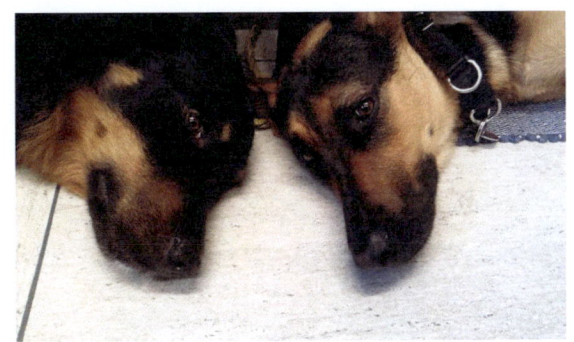

September

Im September viel uns auf, dass sie rechts zu humpeln anfing. Oh nein! Wenn man links einen Kreuzbandriß hat (als Hund) kommt der Riß auf der anderen Seite auch. Hundegesetz!

Wir fahren mal wieder nach Köln, nachdem Blutegel keine andauernde Wirkung zeigen. Wir kriegen einen Termin nach dem Urlaub für einen kleinen Eingriff mit Hyaluron und Gold in die beiden Kniegelenke.

Anfang Oktober wollen wir mal wieder an die Nordsee. Der Caddy ist in der Werkstatt und wir können nur mit dem „kleinen" Meriva fahren. Da passt nicht noch zusätzlich der Hundewagen rein. Also ohne!

Schon am nächsten Morgen plumpst sie bei „2" Stufen nach hinten auf den Po und kommt nicht mehr allein hoch. Tagsüber mit Tabletten beruhigt sich alles etwas und wir trauen uns auf eine kleine Runde nach Wilhelmshaven. Wir machen viele Pausen und sie braucht keine einzige Stufe laufen. Trotzdem haben wir ein schlechtes Gewissen.

Wie kommen wir an den Strand? Sie kann soweit nicht gut laufen. **Idee!** Der Jugendherbergsvater Michi Bremer hat einen stabilen Bollerwagen. Von den Osterfeuerwanderungen wissen wir, dass er etliche Kästen Bier und mind. 1 Kind packt. Also angerufen und hingefahren und die Dana reingesetzt.

Sie schaut ein bisschen dumm, aber erkennt dann die Vorteile. Auch Handtasche, Mützen, Schal usw. passen noch mit rein.

So überstehen wir die nächsten Tage und können an unseren geliebten Strand. Dana ist wohl froh überhaupt dabei zu sein. Das Wetter spielt mit und es ist einfach super da.

Der Eingriff in Köln am Donnerstag 6.10 geht ohne Probleme vorbei. Wir wissen, dass es ihr dann am Freitag nicht gut geht. Logisch! Samstag ist sie auch nicht gut drauf und Sonntag schon hat sie große Probleme beim Laufen, Montag kann sie kaum noch auftreten. Montag Abend sind wir in Köln und da wird die Tierärztin plötzlich ganz schnell und Dana bekommt 5 Spritzen. Ein Blutbild bringt Gewissheit, **24.000** Leukozyten, normal sind 6000-7000!

Beim Eingriff hat sich ein böser Keim eingenistet. Passiert auch gerne beim Menschen. Das Knie ist hochempfindlich. Noch am Abend fahren wir zu unserer Frau Mönnich, die von Köln aus bereits alarmiert wurde. Sie arbeitet wieder ganz vorsichtig mit dem Kaltlasergerät am Bein. Der Fuß wird nach und nach dünner. Am nächsten Morgen ist er wieder dick.

Wir geben Dana nun 3 x am Tag verschiedene Medikamente, u.a. 2 verschiedene Antibiotika. Hoffentlich schlagen die Medikamente recht schnell an!

Dana riecht den Braten im wahrsten Sinne des Wortes und nimmt die liebevoll in Leberwurst verpackten Tabletten nicht. Letzter Versuch – Blutwurst vom Metzger – N E I N – auch nicht. Mist.

Also - Hund zwischen die Knie, Schnauze auf und die Tabletten direkt hinten in den Schlund reingestopft. Erstaunlicher Weise habe ich noch alle Finger. Und das Drama jetzt 3mal Tag.

Sie kann kaum noch ein paar Schritte laufen. Wir tragen sie vom Wohnzimmer die Treppe runter ins Auto und fahren bis zur Wiese. Pipi machen und wieder ins Auto. 36 Kilo kann man kaum schleppen. Wir müssen sie in den Laden reintragen und wieder raus zum Auto. Was machen Leute die im zweiten oder dritten Stock wohnen? Das Drama geht eine ganze Woche so und jeden Abend Physiotherapie. Wir sind völlig fertig. Dana ist sehr still und leidet vor sich hin.

Da gibt's nichts Vernünftiges zu Essen mehr und man braucht auch keine Hobbys. Wir haben ja immer noch nur ein Auto.

Donnerstag Nachmittag bleibt Dana bei Frau Mönnich

und auch Freitag soll sie den ganzen Tag bleiben, dann kann

Frau Mönnich jede Stunde kurz mit dem Kaltlaser dran.

Tolle Frau - gute Idee.

Mir fällt auf, dass das Zahnfleisch grau ist. Freitag Nachmittag

telefonieren wir mit Köln. Nicht gut. Frau Dr. K. möchte

unbedingt noch ein Blutbild, nachdem ich ihr vom Zahnfleisch

erzählt habe und dass sie nichts frisst und auch nicht trinkt.

Als ich einhänge ruft kurz darauf Frau Mönnich an und sagt:

„Wenn das mein Hund wäre, würde ich in die Tierklinik fahren!".

Eine befreundete Tierärztin hat mit auf den Hund gesehen und

gleich eine beginnende Blutvergiftung vermutet.

Um Gottes Willen, was jetzt?

Uwe rast nach Rheinbreitbach und holt Dana ab. Wir schließen

den Laden diesen Freitag mitten am Tag um 16.00 Uhr und

fahren nach Köln.

Blutbild **48.000** Leukozyten – beginnende Blutvergiftung.

Frau Dr. K. ruft gleich in der Tierklinik Stommeln hinter Köln an.

Mit einem Routenplaner Ausdruck machen wir uns sehr besorgt

auf den Weg. Irgendwann finden wir die Tierklinik. Sieht sehr

sauber aus und wirkt professionell. Erst mal Anamnese bei

einer netten Ärztin. Sie versucht einen Zugang zu legen. Aber

Dana hat zusätzlich so wenig Blut, dass schon überlegt wird,

Lilly als Spenderin zu benutzen. Warum nicht? Sie ist ja schon
da. Während wir auf den Chef warten, soll Dana geröntgt
werden, da sich leider manchmal Blut im Bauchraum sammelt.
Das ist dann erst recht nicht gut. Dana hat große Angst und
pieselt vom Behandlungszimmer bis zum Röntgenraum alles
voll. Die Arme! Sie tut uns so leid, aber es ist doch wichtig.
Der Chef kommt und schwupps ist der Dauerzugang drin. Die
Röntgenbilder sind auch i.o. und wir kauen mit dem Chef
nochmal alles durch. Auch er misst rektal die Temperatur und
nun können wir feststellen, dass sie sich erhöht hat.
Dana muss stationär in der Tierklinik bleiben. Sie geben ihr ein
Beruhigungsmittel und punktieren das Knie um den Keim zu
bestimmen. Als sie so da liegt und uns ansieht kann man die
Tränen kaum noch zurückhalten.
Irgendwann um Mitternacht sind wir dann zuhause.
Bei Tierkliniken läuft die Abrechnung etwas anders als bei uns
mit dem Krankenkassenkärtchen. Da wir die OP Vers. am
Wochenende nicht erreichen können und die Klinik schon div.
schlechte Erfahrungen gemacht hat, müssen wir eine
vernünftige Anzahlung vorbeibringen. Also fahren wir Samstag
nach der Arbeit mit zusammengekratzten 500,-€ wieder nach
Stommeln und können die Dana gar nicht sehen, denn das
würde sie nicht verstehen.

Noch kann man nichts sagen, evtl. wollen sie das Knie spiegeln. Dh. aufschneiden, durchspülen, wieder zumachen und hoffen das der Keim rausgespült wurde ???
Lieber Gott, bitte nicht!

Es folgt ein ganz schlimmes Wochenende:

Was entwickelt sich da?

Schlägt das Antibiotika an?

Was zahlt die OP Versicherung?

Selbst wenn sie zahlt, was lassen wir machen?

Kosten der Klinik ca. 1300,-€ - Hilfe!

Kriegen wir unseren Hund wieder?

Die Telefone laufen heiß mit unseren Eltern und die Nachbarn fragen. Auch Sonntag, als der mittägliche Anruf aus der Klinik kommt, gibt es noch nichts Neues. Dana frisst und die netten Mitarbeiter der Klinik gehen auch Gassi mit den Hunden auf der Wiese dahinter. Wobei sie ja kaum laufen kann. Der Gedanke mit der Kniespülung ist vom Tisch – es wird auf die Wirkung der zwei sich ergänzenden Antibiotika gewartet. Gottseidank!

Montag vergehen die Stunden gar nicht, aber Nachmittag kommt Entwarnung – die Leukozyten sind wieder auf **11.000** gefallen und wir können sie abholen.

Der Rest läuft mit Tabletten und sie hat einen großen Verband bis fast zur Hüfte.

Natürlich ist sie die restliche Woche wegen des Verbandes behindert, aber sie ist munter und hat Appetit und macht einen normalen Eindruck. Alle beteiligten Personen sind so froh darüber. Wir geben fast täglich allen Beteiligten telefonisch Bescheid und Dana ist 2x pro Woche bei der Physiotherapie. Ohne die Physiotherapie würde sich der Erfolg wohl nur im Schneckentempo einstellen.

November/Dezember

Langsam geht es wieder aufwärts mit ihr. Sie zockelt immer noch langsam hinter uns her, aber wir brauchen keinen Hundewagen mehr und klappen ihn wieder zusammen.

Jetzt schafft sie 20 Minuten im Wasserlaufband und läuft bei der Physiotherapeutin freiwillig die Konstruktion rauf und steigt allein ins Becken. Auch wenn danach „knautschen" angesagt ist, kann sie alleine auf die Liege hüpfen und sich hinlegen. Sie ist inzwischen soweit, dass sie genüsslich die Augen zumacht und es genießt.

Plötzlich stellen wir fest, dass sie versucht zu rennen! Nach ein paar Tagen geht es besser und sie rennt mit offenem Maul Lilly hinterher (ca.10 Meter) und versucht die freche Kröte zu kriegen. So etwas haben wir seit Monaten nicht mehr gesehen. Sie schnappt nach Fingerhandschuhen und knuspert daran rum, sie zuppelt ungezogen an der Leine und stupst an die Jackentasche von mir, wo immer kleine Leckerli drin sind.

Sie versucht vor Lilly am Stock zu sein oder den Ball zu kriegen. Sie liegt abends unter dem Tisch und motzt vor sich hin, wenn nichts abfällt. Wir lassen ihr die kleinen Siege!

Trotz der ganzen Probleme ist Dana immer noch die Chefin! Sie schimpft unter dem Wohnzimmertisch laut vor sich hin bis Lilly sich auf ihr Kissen legt und Ruhe gibt!

Nun ist ein ganzes Jahr vergangen und Dana fast wieder auf dem Stand davor. Was für ein Jahr, was für ein Drama. Wir sind so vielen Beteiligten dankbar und glücklich dass das „Gold" geholfen hat und wir die „richtige" Versicherung abgeschlossen hatten. Ich darf gar nicht an die vielen Hunde denken, denen so eine Behandlung aus verschiedenen Gründen nicht zuteil wird. Wenn sich auf Hundewiesen etc. das Gespräch ergibt, erzähle ich von unseren Erfahrungen und hoffe damit zu helfen.

Dadurch dass mein Mann und ich an einem Strang ziehen und jeder den anderen unterstützt, war es überhaupt möglich, das durch zu stehen. Auch die Möglichkeiten, die sich trotz dem Stress und der Belastung eines Geschäftes ergeben, hatten dazu beigetragen.

Die vielen Nachfragen, Tipps und Unterhaltungen die sich um das Ganze herum ergeben hatten, haben uns sehr geholfen. Wir freuen uns jetzt auf Weihnachten mit unseren Kindern und den beiden Hunden und das ist das schönste Geschenk.